D1613479

6/22
#2

Diane Dufresne

LANCEMENT SUR LA MÊME LONGUEUR D'ONDES (DORVAL — 1975)

Diane Dufresne

AUJOURD'HUI, HIER ET POUR TOUJOURS

Libre Expression

Une société de Québecor Média

Catalogage avant publication de Bibliothèque et Archives nationales du Québec et Bibliothèque et Archives Canada

Dufresne, Diane, 1944-, auteure
   Diane Dufresne: aujourd'hui, hier et pour toujours / Diane Dufresne.
   ISBN 978-2-7648-1285-3
   1. Dufresne, Diane, 1944-. 2. Chanteuses - Québec (Province) - Biographies. I. Titre. II. Titre : Aujourd'hui, hier et pour toujours.
ML420.D83A3 2018   782.42164092   C2018-941493-6

Idée originale: Richard Langevin
Édition, recherche et rédaction: Nadine Lauzon
Couverture, grille graphique et mise en pages: Chantal Boyer
Photo de la couverture: Caroline Laberge
Photos quatrième de couverture (de gauche à droite): Pierre Dury, Bernard Brault, Jean-Charles Labarre
Collaborateurs au projet: Ginette Nantel, Marien Lévesque, Denis Rousseau, Monique Désy, Tiphaine Delahaye, Justine Paré

Remerciements
Nous remercions le Conseil des Arts du Canada et la Société de développement des entreprises culturelles du Québec (SODEC) du soutien accordé à notre programme de publication.
Gouvernement du Québec – Programme de crédit d'impôt pour l'édition de livres – gestion SODEC.

Financé par le gouvernement du Canada | Canadä

Les Éditions Libre Expression
Groupe Librex inc.
Une société de Québecor Média
1055, boul. René-Lévesque Est
Bureau 300
Montréal (Québec) H2L 4S5
Tél.: 514 849-5259
Téléc.: 514 849-1388
www.edlibreexpression.com

Dépôt légal – Bibliothèque et Archives nationales du Québec et Bibliothèque et Archives Canada, 2018

ISBN: 978-2-7648-1285-3

Distribution au Canada
Messageries ADP inc.
2315, rue de la Province
Longueuil (Québec) J4G 1G4
Tél.: 450 640-1234
Sans frais: 1 800 771-3022
www.messageries-adp.com

Diffusion hors Canada
Interforum
Immeuble Paryseine
3, allée de la Seine
F-94854 Ivry-sur-Seine Cedex
Tél.: 33 (0)1 49 59 10 10
www.interforum.fr

Sommaire

Face à face

Sans tenter d'écrire une véritable préface, j'aborde plutôt un face à face avec ces photos qui suivent mon parcours de vie. Sur le clavier de mon ordinateur, je me demande ce que je peux formuler sur un projet qui n'est pas le mien, mais davantage celui de Richard Langevin, concepteur de ce livre d'images. Je m'interdis la fuite devant un passé qui me dépasse sans que le présent trépasse.

Mon amoureux propose sur papier glacé une sélection de photos datant de mon enfance jusqu'à ce jour, dans une suite qui se veut logique en considérant que la vie nous transforme avec le temps lié à certains événements.

Enfant solitaire derrière ma porte de chambre, j'inventais en secret des spectacles à grand déploiement, présentés dans une simple boîte de carton munie de cordes qui ouvraient et tiraient des rideaux rouges. Je mettais en scène ainsi des mannequins découpés dans les catalogues de maman dont je métamorphosais les robes en y dessinant des traînes et des chapeaux excentriques. Claire, ma mère, qui avait un don pour la couture, entre autres pour les nids d'abeille, changeait, telle une fée, les vêtements de sa princesse deux fois par jour. Dans ma vie, je précise que j'ai rarement porté des costumes, j'ai surtout renouvelé le décor de mon corps, sous mille et une coutures.

À vingt ans, j'étudiais le chant à Paris en espérant, devant la Seine comme sur scène, qu'à travers mes engagements dans les boîtes de la rive gauche et certains galas de banlieue la débutante timide à la voix trempée d'accent aurait un soir un public qui ne viendrait que pour elle dans un spectacle qu'elle aurait imaginé.

Le trajet fut-il long ou court quand j'ai préféré aux avenues offertes plusieurs détours menant vers une seule direction : celle de rejoindre mon public en toute liberté ? Ai-je raison de croire que ce n'est pas le résultat qui compte, mais le chemin emprunté pour s'y rendre ? Peu importe, j'ai avancé par moi-même, guidée par mon instinct.

Au destin de la trentaine, la chanteuse a rencontré non pas qu'*un homme de sa vie*, mais Luc Plamondon, Clémence DesRochers, François Cousineau, Guy Latraverse et tous ceux qui m'ont permis un *tiens-toé ben j'arrive* jusqu'au public que je désirais depuis toute petite. J'ai grandi en fonction de l'amour que je recevais du public, celui-là même qui a su ajouter des ailes à mon rêve, jusqu'à me faire croire que rien n'est impossible devant lui.

J'ai donc envisagé l'avenir en suivant ma ligne de conduite et j'ai écrit des concepts de spectacles où des couturiers tels que Mario di Nardo, Loris Azzaro, Michel Robidas, Georges Lévesque, Mario Davignon, Marie Saint-Pierre, Denis Gagnon – ainsi que d'autres créateurs –, en sublimant l'extravagance, m'ont habillée jusqu'à me dévêtir. Ces prouesses vestimentaires ont incité le public à se costumer d'après des thèmes comme le carnaval de Rio ou Fellini, jusqu'à devenir rose dans un stade olympique.

On a déversé sur ma personnalité artistique bien des adjectifs. À mon nom propre, les qualificatifs singuliers, pluriels, élogieux et parfois troublants cherchaient surtout à définir mes multiples facettes en vue de trouver le comment du pourquoi de tous mes visages scéniques. Pour moi, il n'y a pas de réponses à ces questions que je ne me pose pas. Je souhaite que mon langage soit celui de la créativité, envers et contre toute attente.

Toucher la quarantaine, c'est savoir que la vie passe et que chaque jour nous suit à la trace. Pendant une décennie de bienheureuse solitude, je m'effaçai en douce du *show-business*, comme une photo sépia qui n'a de mémoire que pour ceux qui reconnaissent un visage.

Pourtant, mes cinquante piges avaient rendez-vous avec l'Amour... celui d'un ange. Richard Langevin devint un fil magique, qui m'a permis de continuer. Comme si le destin avait un guide.

Avec mon *alter ego* sculpteur, nous avons fait en résidence au Musée d'art contemporain de Montréal le spectacle multimédia *Réservé*. Je me croyais au bout d'un chemin, et voilà qu'en entrant dans la salle le public se chaussait de pattes blanches devant l'installation de mes costumes et accessoires où trônait la sculpture d'un piano à trois niveaux. Avant d'apparaître avec des ailes couvertes de plumes blanches – afin d'y repasser ma vie avec un fer électrique –, sur un écran était projeté en gros plan mon visage regardant une immense boîte en carton, un rappel de mon enfance où je préparais un nouveau *show*. Au cours de la représentation, les applaudissements du public étaient enregistrés par un ordinateur puis traités de façon à permettre l'évolution d'un de mes dessins en de nombreuses variantes, créant ainsi une œuvre collective différente tous les soirs, dont chaque personne était l'artisan et pouvait se la procurer à la fin du spectacle.

Depuis ce *show*, nos corps à cœur poursuivent une aventure artistique complice, parallèle, souhaitant l'osmose. Ensemble, un plus un ne fait pas que deux mais se multiplie selon les circonstances.

Comme avec les années notre visage en a plusieurs, de talentueux photographes tels que Jean-François Bérubé, Jean Blais, Bernard Brault, Pierre Dury, Jean-Charles Labarre, Caroline Laberge, André Panneton, Reggie Perron, Michel Ponomareff, et plus récemment Sophie Thibault, Philippe Évenou, ainsi que plusieurs autres capteurs d'images de journaux et de revues, sont devenus les messagers des traces de mon existence.

Devant le miroir qui me glace, mon enfance a perdu ma trace. Je deviens ce que j'ai vécu et, surtout, sans aucune mélancolie, puisque je m'attends quelque part.

Mais dis-nous, Richard, pour qui et pourquoi ce livre ?

POURQUOI ? RÉPONSE DE RICHARD LANGEVIN

Pour qui et pourquoi ? Bien égoïstement, d'abord pour moi, mais aussi pour celles et ceux qui aiment et qui ont aimé ce parcours créatif hors du commun. Par pur plaisir de voyager à travers cette aventure *plurielle* relatant une vie axée sur la créativité, la passion de donner et le partage d'émotions.

Revivre en images des moments, des époques et des événements que plusieurs ont suivis avec passion et émerveillement nous ramène à nous-mêmes, à nos propres émotions touchées par ton énergie et ton inventivité. Voir l'évolution de cette carrière richement visuelle, aux mille costumes et aux mises en scène débordantes, invite au développement de l'imagination du spectateur et du lecteur. Comme tu l'as souvent mentionné : « Le public est créatif et tout se fait à deux. » Diane, tu es ce pont essentiel qui nous unit.

Mais avant tout, quel magnifique voyage à raconter en images ! De la petite fille de l'est de Montréal qui fera le tour du monde grâce à son talent, qui reviendra dans l'est pour le stade olympique et qui propulsera son imaginaire jusqu'à aujourd'hui sans interruption, c'est un très beau chemin à parcourir. C'est aussi un devoir de mémoire dans ce monde qui vit en accéléré et qui a trop tendance à ne pas prendre de recul, risquant d'oublier les trajectoires d'artistes qui marquent leur temps.

Cela représente un grand travail d'inventaire dans des archives transportées, accumulées et entreposées au fil des ans, qui peuvent enfin voir le jour dans un même ouvrage. Pouvoir fixer et réunir une partie de tout ce matériel photographique marque une étape qui sera libératrice pour la suite des choses, celle du regard d'ensemble sur tes réalisations. C'était aussi un rêve, une mission, de les rassembler et de les partager au mieux des limites de ce projet. L'essentiel s'y trouve, sans doute avec ses oublis et ses imperfections, mais le trajet pour s'y rendre a été une belle aventure.

Évidemment, il était impossible d'intégrer les centaines de photos personnelles et professionnelles pour bien des raisons, mais on se doit de remercier tous ces photographes de talent, tant les professionnels que les amateurs, qui ont pu arrêter le temps et s'en faire les gardiens, capturer ces bouts de vie pour notre plus grand plaisir. Ils permettent le tango permanent du contenu et du contenant entre l'artiste et le capteur d'images. Bravo aussi à ces designers de costumes, de décors et d'ambiances qui ont endossé, encouragé et sublimé la créativité débordante de Diane Dufresne.

Il est important de noter que ce livre est essentiellement photographique. Nous avons voulu laisser les images parler par elles-mêmes. D'autres projets multimédias verront peut-être le jour dans un avenir prochain. On ne sait jamais, quand on a affaire à des immortelles.

De la petite Diane aux années 1960...

Diane Dufresne est née le 30 septembre 1944, à Montréal. Après le décès de sa mère, elle abandonne l'école à quinze ans. Le chant fait partie de sa vie dès le plus jeune âge. En 1965, elle s'installe à Paris en compagnie de Ginette Nantel pour étudier le chant et l'art dramatique. Elle présente ses premiers spectacles dans les cabarets de la rive gauche. À son retour à Montréal, elle poursuit sa carrière de chanteuse. Le succès est à portée de main...

L'ENFANCE

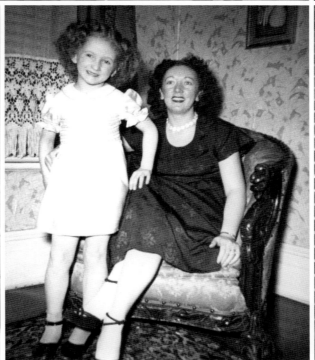

LA VIE À PARIS

LA VIE À PARIS

LES CABARETS

LES GIRLS (1969)

DANS L'ORDRE : CLÉMENCE DESROCHERS, CHANTAL RENAUD, DIANE, LOUISE LATRAVERSE ET PAULE BAYARD.

DIANE LA MAGNIFIQUE

DIANE LA MAGNIFIQUE

Les années 1970

Après *Les Girls*, en 1969, Diane enregistre *Un jour il viendra mon amour*, la chanson du film *L'Initiation*. Elle travaille en collaboration avec Luc Plamondon et François Cousineau. Rapidement, les albums et les hits se succèdent, de même que les spectacles au Québec et en France. À elle seule, elle réinvente les normes du *show-business*; elle éblouit en même temps qu'elle scandalise. C'est la consécration!

TIENS-TOÉ BEN J'ARRIVE ! STOP. (1972)

EN HAUT › LE PATRIOTE (DÉCEMBRE 1972)
EN BAS › TIENS-TOÉ BEN J'ARRIVE ! (PLACE DES ARTS — MARS 1973)

À PART DE D'ÇA, J'ME SENS BEN (1973)

L'OLYMPIA DE PARIS

EN PREMIÈRE PARTIE DE JULIEN CLERC (1973)   EN HAUT À DROITE › SPECTACLE SOLO (1978)

DIANE DUFRESNE OPÉRA CIRQUE

Musique: François Cousineau
Paroles: Luc Plamondon

la fin du monde est pour aujourd'hui
attention la terre
le dernier show
le signal final
la joute des étoiles
Carrousel
on n'a pas l'temps
le cirque est fini
comme des chiens
valse triste
la marche nuptiale des condamnés à mort

OPÉRA-CIRQUE (SALLE WILFRID-PELLETIER — JANVIER 1974)

EN CALIFORNIE (1974)

EN CALIFORNIE

À ACAPULCO

UNIVERSITÉ DE MONTRÉAL (1974)

ALBUM MON PREMIER SHOW (1976)

MON PREMIER SHOW (PLACE DES ARTS — 1975)

MON PREMIER SHOW (PLACE DES ARTS – 1975)

EN RÉPÉTITION (PLACE DES NATIONS – 1976)

SUR LA MÊME LONGUEUR D'ONDES (1975)

SANS ENTRACTE (DIANE LA CHASSERESSE — 1977)

EN HAUT › PLACE DES NATIONS (1976)
EN BAS À GAUCHE › SANS ENTRACTE (1977)

SANS ENTRACTE (1977)

« AVEC DIANE DUFRESNE », ACCOMPAGNÉE DE GEORGES BRASSENS
(TÉLÉVISION FRANÇAISE — 1978)

53

« NUMÉRO UN » (TÉLÉVISION FRANÇAISE — 1978)

55

COMME UN FILM DE FELLINI (1978)

SON PREMIER OLYMPIA (1978)

AVEC YVON DESCHAMPS (PLAINES D'ABRAHAM — 1976)

À L'OLYMPIA

STARMANIA (1978)

EN HAUT › DIANE, ÉTIENNE CHICOT ET NANETTE WORKMAN   EN BAS › DIANE, FRANCE GALL, FABIENNE THIBEAULT ET NANETTE WORKMAN

STRIPTEASE (1979)

DIANE EN 1979-1980

REVUE NOUS

AVEC CHARLES AZNAVOUR ET EDDIE BARCLAY

AVEC MICHEL BERGER ET JOHNNY HALLYDAY

EN HAUT › AVEC GÉRARD DEPARDIEU À LA TÉLÉ FRANÇAISE
EN BAS › MAXIME LE FORESTIER, DIANE ET JULIEN CLERC

Les années 1980

Dans les années 1980, la carrière de Diane Dufresne explose ici et dans toute la francophonie. Les albums et les spectacles sont nombreux, et ses prestations demeurent inoubliables par leurs mises en scène et leurs costumes : *J'me mets sur mon 36*, *Magie rose*, *Symphonique n'Roll* et *Top secret* font désormais partie du patrimoine culturel québécois. Elle devient une véritable légende vivante !

DANS LE CONTE MUSICAL ÉMILIE JOLIE (1980)

J'ME METS SUR MON 36 (FORUM DE MONTRÉAL – 1980)

J'ME METS SUR MON 36 (FORUM DE MONTRÉAL – 1980)

EN RÉPÉTITION POUR J'ME METS SUR MON 36
(FORUM DE MONTRÉAL – 1980)

J'ME METS SUR MON 36 (FORUM DE MONTRÉAL – 1980)

EN RAPPEL — J'ME METS SUR MON 36
(FORUM DE MONTRÉAL — 1980)

PALACE DE PARIS (24 JUIN 1980)

83

AVEC YVON DESCHAMPS (FESTIVAL D'ÉTÉ DE QUÉBEC – 1981)

FÊTE DE LA SAINT-JEAN (VIEUX-PORT DE MONTRÉAL − 1981)

AU STUDIO PANNETON-VALCOURT (1982)

TURBULENCES (1981)

HOLLYWOOD / HALLOWEEN (FORUM DE MONTRÉAL — 1982)

HOLLYWOOD / HALLOWEEN (FORUM DE MONTRÉAL – 1982)

DIOXINE DE CARBONE ET SON RAYON ROSE (1984)

MAGIE ROSE (STADE OLYMPIQUE – 1984)

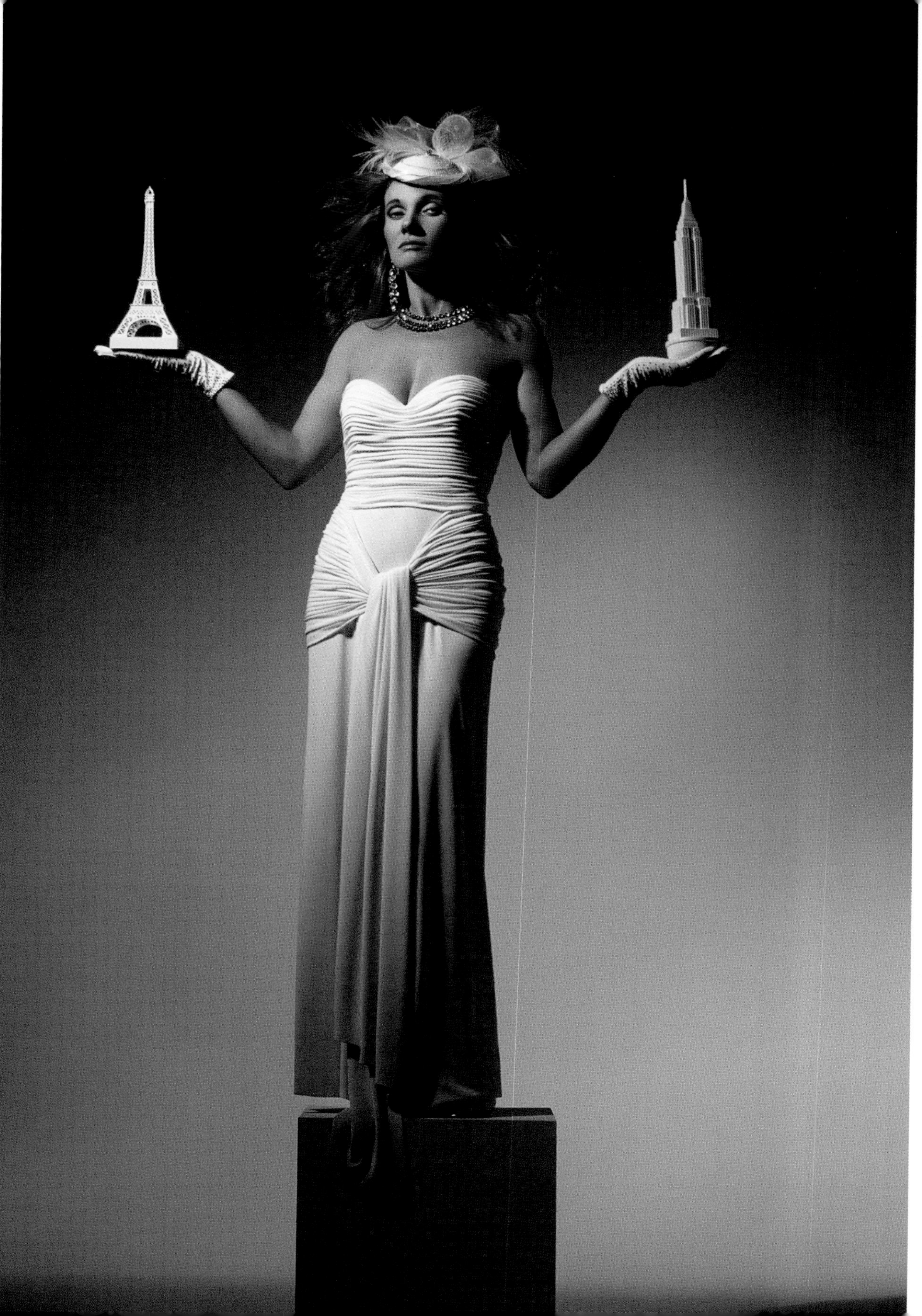

MAGIE ROSE (STADE OLYMPIQUE — 1984)

MAGIE ROSE (STADE OLYMPIQUE – 1984)

FOLLEMENT VÔTRE (1985-1986)

FOLLEMENT VÔTRE (1985-1986)

CIRQUE D'HIVER (PARIS – 1984)

AVEC LES DANSEUSES DU CRAZY HORSE

TOP SECRET (THÉÂTRE DU NOUVEAU MONDE – 1986)

104

TOP SECRET (THÉÂTRE DU NOUVEAU MONDE – 1986)

106

TOP SECRET (THÉÂTRE DU NOUVEAU MONDE – 1986)

TOP SECRET (THÉÂTRE DU NOUVEAU MONDE – 1986)

« AVEC DIANE DUFRESNE »
(ÉMISSION DIFFUSÉE AU QUÉBEC – 1980)

SYMPHONIQUE N'ROLL (1988)

SYMPHONIQUE N'ROLL (1988)

116

PORTRAIT

DANS LA FORÊT NOIRE

PRINTEMPS DE BOURGES (1985)

SESSION DE PHOTOS POUR J'ME METS SUR MON 36

REVUE MANŒUVRE (1988)

SESSION DE PHOTOS POUR TOP SECRET

SESSION DE PHOTOS POUR SYMPHONIQUE N'ROLL

ÉMISSION « UN SOUVENIR... » ANIMÉE PAR LISE PAYETTE (1987)

CHÂTELAINE (1987)

Les années 1990

Après avoir chanté les chansons des autres, Diane Dufresne écrit maintenant ses propres textes. À New York, elle écrit *Détournement majeur*, lancé en 1993. Une série de spectacles suivra au Québec et en Europe. En 1995, elle rencontre l'artiste et professeur Richard Langevin. Ils se marieront quelques mois plus tard. Depuis, ils collaborent à des spectacles où les arts visuels et technologiques se mêlent à la chanson, comme pour *Réservé*, présenté en 1997 au Musée d'art contemporain de Montréal.

EN 1990-1991

130

FÊTE NATIONALE (MONTRÉAL — JUIN 1990)

DÉTOURNEMENT MAJEUR (1993)

TOURNÉE DÉTOURNEMENT MAJEUR
(À MONTRÉAL ET EN FRANCE – 1993)

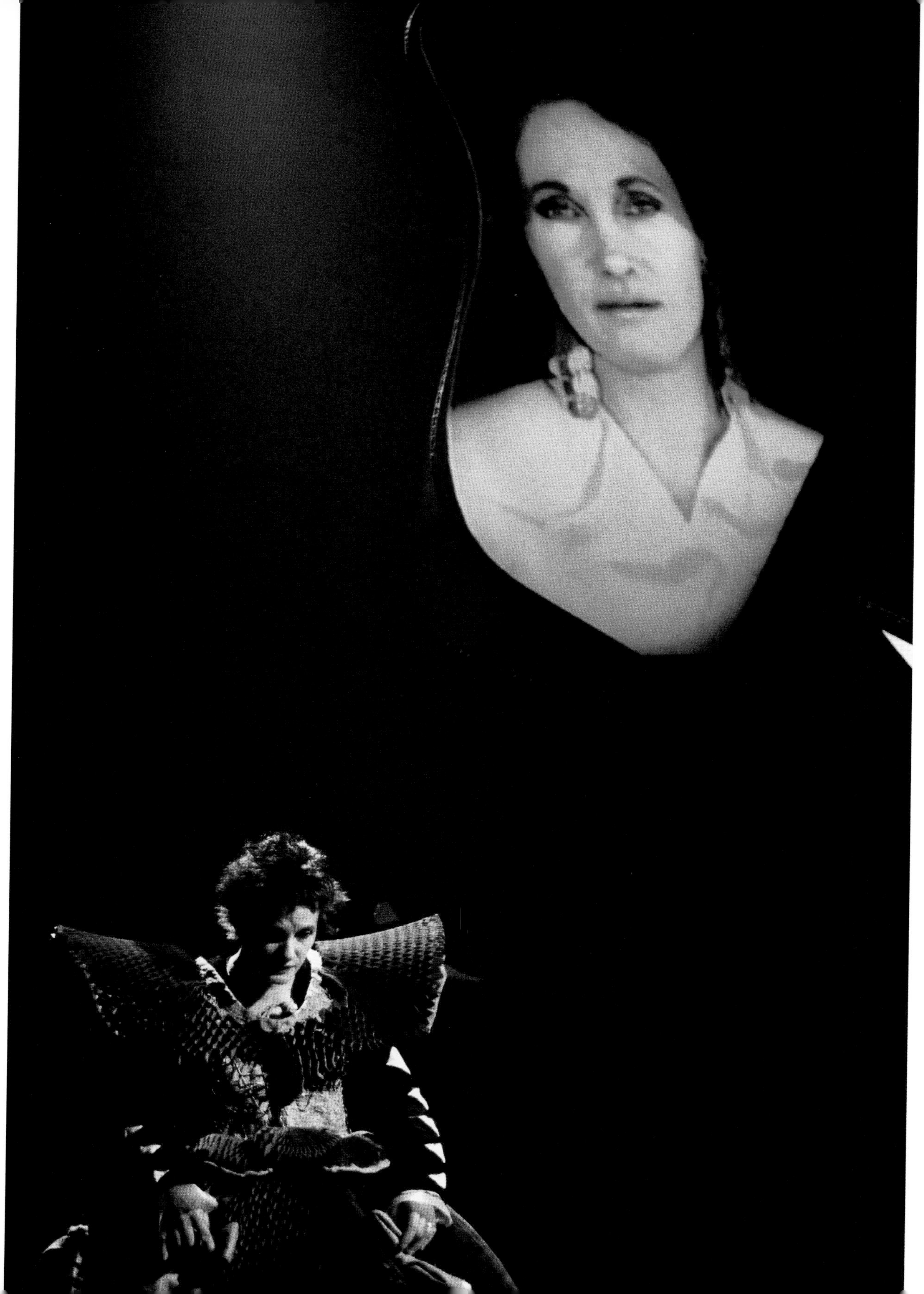

135

RÉSERVÉ (MUSÉE D'ART CONTEMPORAIN – 1997)

138

139

ALBUM ÉPONYME (1997)

LES JEUX DE LA FRANCOPHONIE

BELLE ET REBELLES (1999)

CLAUDE DUBOIS, DIANE ET KEVIN PARENT

142

DIANE PREND LA POSE (1997)

SESSION DE PHOTOS POUR L'ALBUM MERCI (1999)

146

MAGAZINE LES AILES

PORTRAIT

DIANE PREND LA POSE

Les années 2000
à aujourd'hui...

C'est une période de maturité pour Diane Dufresne, qui reçoit de nombreux honneurs. Elle est présente aux plus grands événements. Elle revisite également le Québec et la France lors de tournées. Elle s'offre de magnifiques collaborations avec Les Violons du Roy et avec Yannick Nézet-Séguin et l'Orchestre métropolitain. Grâce à l'art visuel qui prend de plus en plus de place dans sa vie, le Centre d'art et de création de Repentigny devient, en 2015, le Centre d'art Diane-Dufresne.

AVEC JULIETTE GRÉCO (FRANCOFOLIES DE MONTRÉAL – 2007)
ET CLAUDE LÉVEILLÉE (FESTIVAL D'ÉTÉ DE QUÉBEC – 2003)

COULEURS SYMPHONIQUES (2001)

EN LIBERTÉ CONDITIONNELLE (MONUMENT-NATIONAL – 2003)

FESTIVAL JUSTE POUR RIRE AVEC PATRICK HUARD (2005)

AVEC ALAIN BASHUNG (FRANCOFOLIES DE MONTRÉAL – 2005)

L'AVENTURE KURT WEILL AVEC YANNICK NÉZET-SÉGUIN (2004-2005)

LES OUTGAMES AU STADE OLYMPIQUE (2006)

PLURIELLES (2006)

EFFUSIONS (2007)

TERRE PLANÈTE BLEUE (FRANCOFOLIES DE MONTRÉAL – 2008)

SINÉQUANONE (2010)

GALA ARTIS À TVA (2011)

MORA (2011)

PARIS-QUÉBEC SOUS LES ÉTOILES (2011)

AVEC ROBERT CHARLEBOIS

LES VIOLONS DU ROY (2012-2013)

FÊTE DE LA SAINT-JEAN (MONTRÉAL — 2013)

CENTRE D'ART DIANE-DUFRESNE (2015)

LES ARTS VISUELS

BONNE FÊTE MONTRÉAL (CENTRE BELL — 2017)

375ᵉ ANNIVERSAIRE DE LA VILLE DE MONTRÉAL
(MONTRÉAL SYMPHONIQUE AU PIED DU MONT ROYAL – 2017)

182

PARIS (2017)

PARIS (2017)

DIANE HIER, AUJOURD'HUI ET POUR TOUJOURS

JE ME NOUE À VOUS
Paroles : Diane Dufresne

Tous les soleils des hivers
Les jours qui vont suivre
Seront gravés de ces heures
Qui déjà me grisent

Certains spectacles avec vous
Plusieurs sur la liste
Refont surface s'affichant
Pour un tour de piste

Le rendez-vous que l'on prend
Comme une promesse que l'on tient
Un soir de fête un peu fou
Donne à l'histoire le temps
De compter les billets doux
D'hier d'aujourd'hui toujours
Pour qu'ils s'enflamment en un instant
Sous un brasier d'amadou

Noces d'or, de coton, d'argent
Affiliées par un serment
Et d'heure en heure, le présent
Prend le souvenir qu'on lui tend

Je garde en moi cet amour
À jamais je me noue à vous

Tous les nuages de l'automne
Aux jours qui se suivent
Seront gravés de ces heures
Qui déjà m'enivrent

Sous d'autres cieux d'autres lieux
Aux quatre coins de ce monde
Passe le temps si précieux
Qu'on veut réduire en cendres

S'il faut chanter en silence
In memoriam la musique
En litanie de belles prières
Sous une pierre de granit
Ma mémoire fait le vœu

Sans au revoir ni l'ombre d'un adieu
Qu'aucune clé sans notre accord n'enfermera
le trésor

À mon voyage sans retour
Mon âme fera le détour
Et d'heure en heure le présent
Prend le souvenir qu'on lui tend

Je garde en moi cet amour
À jamais je me noue à vous

Toutes les saisons de ma vie
De nouveau revivent
Et tourne tourne le manège
Tel un bateau ivre

Il n'y a plus devant moi
D'impossible rêve
Vous êtes là et je veux
Que mon cœur en crève

Je soufflerai sans frémir
Les bougies par les deux bouts
Quand les *spotlights* de cette scène
Viendront s'éteindre sur nous
Toutes les étoiles disparues
Aux millions d'années-lumière
Ne scintillent-elles pas toujours aux confins
de l'univers?

En trouvant grâce à vos yeux
Aucun regret aux aveux
Et d'heure en heure le présent
Prend le souvenir qu'on lui tend
Je garde en moi cet amour
À jamais je me noue à vous

Il se fait tard à mes jours
Sentez-vous la brise ?
Merci pour toute cette vie
L'air que je respire

Je garde en moi cet amour
À jamais je me noue à vous

Remerciements

L'éditeur tient à remercier les nombreux collaborateurs de ce projet : M. André Ducharme, les fonds d'archives de Claude Raymond, les Archives Ginette Nantel, les Archives Progressif inc., les Archives Denis Rousseau, les Archives Marien Lévesque et la Société des arts technologiques.

L'éditeur tient également à remercier tous les photographes de talent, connus et anonymes, présentés dans ce livre, tous les designers, couturiers et collaborateurs de la carrière de Diane Dufresne.

Merci au public qui suit Diane depuis des décennies et qui contribue à alimenter sa passion.

Et du fond du cœur, merci à celle qui a voué sa vie à la créativité et à l'émotion par son talent : Mme Diane Dufresne.

Crédits photographiques

f Restez à l'affût des titres à paraître chez
Libre Expression en suivant Groupe Librex :
facebook.com/groupelibrex

edlibreexpression.com

Cet ouvrage a été composé en Kepler light 11 pt
et achevé d'imprimer en octobre 2018
sur les presses de Transcontinental.